Originelle Einladungs-,
Tisch- und Grußkarten

zum Selbermachen

Elke Gebhardt

Originelle Einladungs-, Tisch- und Grußkarten

zum Selbermachen

ENGLISCH VERLAG

CIP-Titelaufnahme der Deutschen Bibliothek

Gebhardt, Elke:
Originelle Einladungs-, Tisch- und Grußkarten zum
Selbermachen / Elke Gebhardt. —
Wiesbaden: Englisch, 4. Auflage 1989
ISBN 3-88140-320-5

Die Ratschläge in diesem Buch sind von der Autorin und vom Verlag sorgfältig erwogen und geprüft, dennoch kann eine Garantie nicht übernommen werden. Eine Haftung der Autorin bzw. des Verlages und seiner Beauftragten für Personen-, Sach- und Vermögensschäden ist ausgeschlossen.

Inhaltsverzeichnis

Vorwort

Glückwunsch- oder Tischkarten kann man für viel oder wenig Geld kaufen. Aber wieviel mehr Freude macht man mit einer selbstgemachten Karte.

Entdecken auch Sie die Freude an diesem neuen Hobby und an den kleinen Kunstwerken, die an sich schon ein Geschenk sind.

Sie werden bald merken, wie viel Spaß es macht, aus den unterschiedlichsten Materialien, die Sie meist schon im Haus haben, solch eine Karte zu gestalten.

Elke Gebhardt

Die Geschichte der Glückwunschkarte

Glückwunschkarten, die heute zu vielen Gelegenheiten verschickt werden, haben eine Tradition, die mehrere Jahrhunderte zurückverfolgt werden kann. Ihre Blüte erlebten diese Karten im 18. und 19. Jahrhundert, vor allem in der Zeit des Biedermeier.
Damals gehörte es hauptsächlich in aristokratischen, später jedoch auch in bürgerlichen Kreisen zum guten Ton, Höflichkeitsbesuche abzustatten. Wer zur großen Welt gehören wollte, mußte 10–12 Stunden in der Woche mit Besuchen verbringen. Bald schon wurden besonders den Leuten von Stand diese immer häufiger werdenden Besuche lästig, und man ließ sich von der Dienerschaft verleugnen. „Die Herrschaft ist ausgegangen“ oder „On est sorti“ hieß es dann, und der Besucher hatte seine Karte abzugeben und zu gehen.
Diese ersten Karten waren Spielkarten, auf deren Rückseite der Name des Besuchers gedruckt oder geschrieben war. Herren zerschnitten oftmals diese Spielkarten, um die Dame ihres Herzens erst nach mehrmaligen Besuchen in den Besitz der ganzen Karte kommen zu lassen.
Da die meisten Besuche an Neujahr, Weihnachten oder zu offiziellen Anlässen gemacht wurden, gestaltete man die Visitenkarte immer kostbarer. So druckte man in Frankreich die ersten Besuchskarten mit individuell gestalteten Motiven. Der Name des Karteninhabers wurde in die Mitte gesetzt und rundherum gruppierte man bildliche Motive.
Wiederum zuerst in Frankreich entwickelte man die Glückwunschkarte. Sie sollte den persönlichen Besuch ganz ersetzen. Daß diese Glückwunschkarten dann auch bei uns eingeführt wurden, ist besonders dem Wiener Verleger Hieronymus Löschenkohl zu verdanken. 1786 druckte er die ersten Karten mit Glückwünschen in deutscher Sprache. Aus den anfänglich einfachen Papierkarten entwickelten sich künstlerische, auf edlem Papier und Seide gedruckte Karten.
Die Idee setzte sich durch, und immer mehr Verleger druckten Glückwunschkarten. Allein in Wien sorgten mindestens 40 Verlage für ein vielseitiges Angebot an Themen und Motiven.
Eine besondere Kuriosität dieser Zeit waren amtliche „Enthebungskarten“, die gegen eine Gebühr für wohltätige Zwecke ausgegeben wurden und von jeglichen Besuchsempfängen dispensierten.

„Augenblicklich aufzuwarten schicken Freunde solche Karten.“
J. W. von Goethe

Fröhliche Weihnachten!
Herzlichen Ostergruß!
Herzliche Weihnachtsgrüsse!

Osterkarten

Ostern, das wohl fröhlichste Fest des Jahres, ist ein willkommener Anlaß, um Kartengrüße zu verschicken. Lassen Sie sich von den folgenden Beispielen ermuntern, dieses Jahr einmal einen ganz persönlichen, selbstgemachten Gruß zu verschicken. Vielleicht inspirieren die hier abgebildeten Karten aber auch zu neuen Ideen?

Karte 1

Material:
Karton,
Geschenkpapier,
gelochtes Metallgeschenkband.

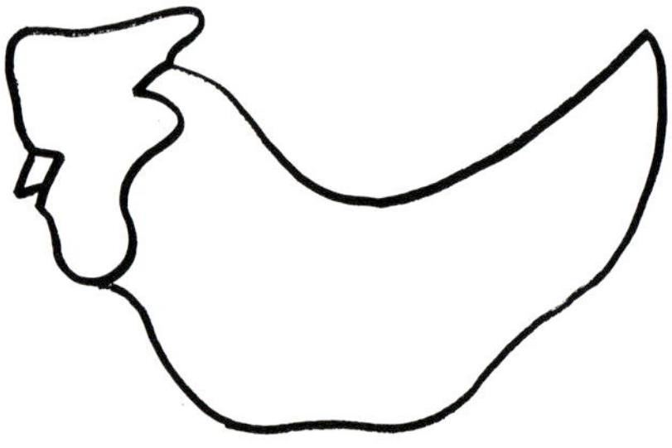

Karte 2
Material:
Karton,
Filz in den Farben Weiß, Rot und Gelb,
weiße Federn,
gelochtes Metallgeschenkband,
gepreßte Blüten,
Senfkörner.

Zuerst wird das Metallband auf die Karte geklebt, wobei sich als Klebestellen die äußeren Kanten des Bandes eignen.

Karte 3
Material:
Karton oder Postkarte,
japanisches Reißpapier,
Buntpapier,
Eierschalen.

Das Küken, das gerade die Eischale gesprengt hat, ist aus farbigem Japanpapier „gerissen". Es wird vorsichtig mit den Fingern zu der auf der Skizze abgebildeten Form gerissen und dann auf die mit Glanzpapier überzogene Karte geklebt. Den Rahmen bilden zerbrochene Eierschalen.

Karte 4
Material:
einfarbiges Geschenkpapier, blau und gelb,
gepreßte Blumen,
Senfkörner.

Karte 5
Material:
Karton,
Buntpapier,
Filz.

Der Hahn der 2. Osterkarte läßt sich, wie hier bewiesen, zu immer neuen Variationen verwenden.

Weihnachtskarten

Viele Dinge, die in jedem Haushalt zu finden sind, lassen sich auf originellen Weihnachtskarten verarbeiten. Aber auch mit Glimmer und allerlei glitzernden Materialien macht es Spaß, Weihnachtsgrüße zu basteln, die schon ein besonderes Geschenk sind.

Karte 1
Material:
Karton,
durchsichtige Folie,
Glanzpapier,
Glimmer,
Streusternchen oder ähnliches kleines Weihnachtsbastelmaterial.
Auf farbigen Karton wird mit Bleistift ein Stern gezeichnet und ausgeschnitten. Übertragen Sie nun mit Hilfe dieser Schablone den Stern auf einen zweiten Karton und schneiden Sie ihn ebenfalls aus. Auf einem der beiden Sterne wird nun eine kreisrunde Fläche mit Hilfe eines Schneidemessers herausgeschnitten. Kleben Sie Klarsichtfolie über dieses Loch, so daß ein Fenster entsteht.
Bevor die beiden Sterne zusammengeklebt werden, legt man – wie auf der Abbildung zu sehen ist – einiges Glitzermaterial unter dieses Fenster.
Die vordere Seite wird anschließend mit Glanzpapier und Glimmer verziert, und die Rückseite kann beschriftet werden.

Karte 2
Material:
Karton,
Glanzpapier und ein Stück Draht.

Karte 3
Material:
Karton,
Filz,
Glanzpapier,
Watte,
Geschenkpapierreste.

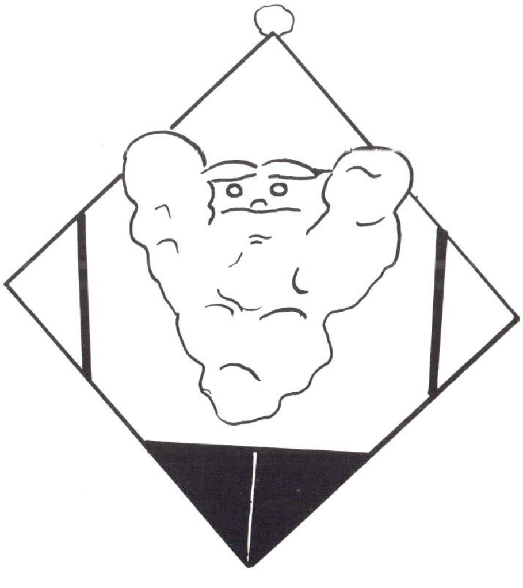

Karte 4
Material:
Karton oder Zeichenpapier,
Watte,
Filz,
Glanzpapier.
Wenn Sie diesen Weihnachtsmann zusammenklappen wollen, so muß er auf dünneres Zeichenpapier geklebt werden.

Karte 5

Material:
weißer Karton,
Transparentpapier,
Glimmer,
Glanzpapier.

Zeichnen Sie zuerst die Umrisse des Fensters auf zwei Bögen weißen Karton, und schneiden Sie anschließend beide Fenster mit dem Schneidemesser aus.

Auf farbiges Transparentpapier werden Mond und Kerzen aus Glanzpapier geklebt und mit einem zarten Glimmernebel überzogen. Mit einem Klebestift läßt sich der Glimmer am leichtesten auf dem Transparentpapier befestigen.

Das Papierbild wird nun zwischen die beiden Fenster geklebt.

Karte 6
Material:
Karton,
Glanzpapier,
gelochtes Metallband,
Kleeblätter,
weiße Feder.

Karte 7

siehe Seite 23 Faltkarten.
Bei dieser Faltkarte wurden kleine Tannenbäume und Kerzen vor die treppenförmigen Stufen geklebt.

Faltkarten

Diese dreidimensionalen Kartengrüße sind zusammengeklappt so flach, daß sie in einen Briefumschlag passen und per Post verschickt werden können.

Material:
weißer dünner sowie etwas dickerer Karton,
Geschenkpapierreste,
Federn,
Bleistift,
Lineal,
Schere,
Papiermesser mit auswechselbarer Klinge.
Die Skizze der ersten Karte „Geschenkkartons“ zeigt die einfache Technik, nach der diese Karten hergestellt werden. Die in der Skizze durchgezogenen, dicken Linien werden mit dem Schneidemesser geschnitten. Die gestrichelten Linien werden nur vorsichtig an der Vorderseite und die gepunkteten an der Rückseite angeritzt und anschließend treppenförmig geknickt.

Die herausklappbaren Kartons werden nun mit Geschenkpapier beklebt. Zum Schluß wird die Karte in einen zweiten, etwas dickeren Karton geklebt. Wichtig ist, die treppenförmig geknickten Teile nicht mit festzukleben.

Schemazeichnung für
die Faltkarte.

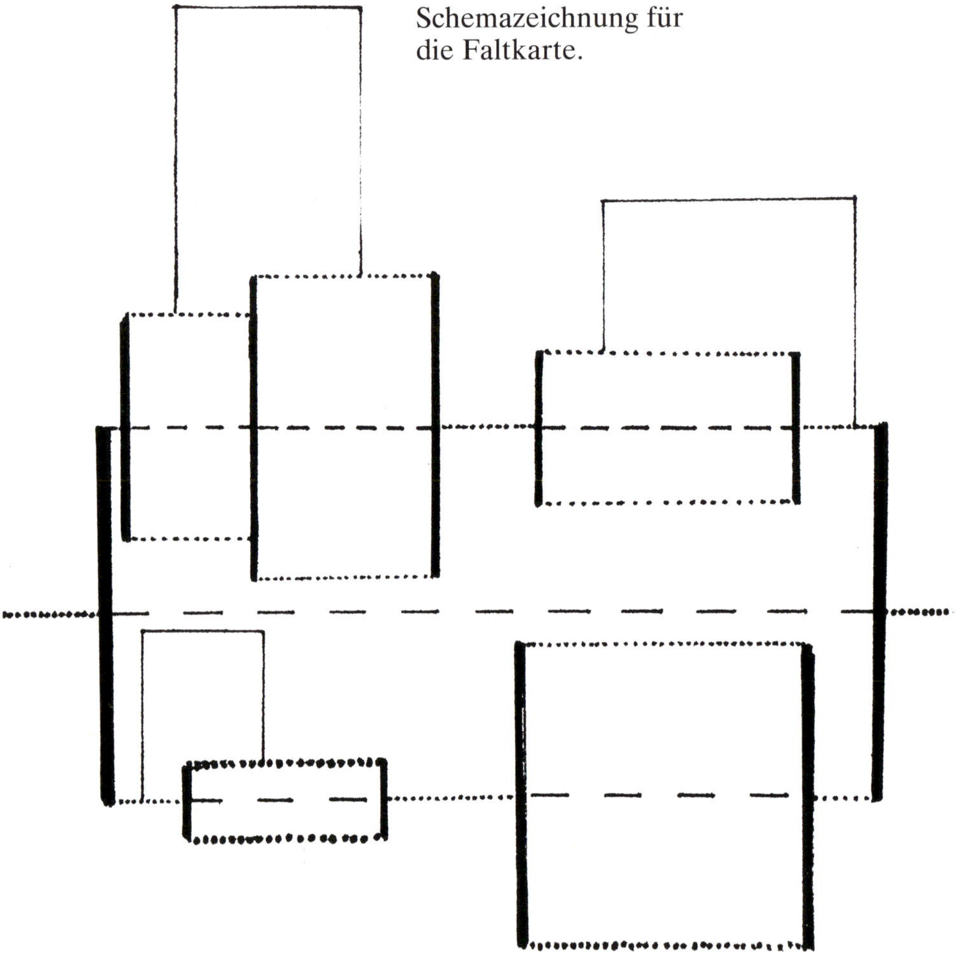

Material:
Faltkarte, schwarzes Glanzpapier, Silberpailletten.

Material:
roter Karton, Spielkarten.

Auch das Rad eines Pfaus eignet sich für eine Faltkarte. Ein quadratisches Stück Papier wird hierfür wie ein Fächer geknickt und zusammen mit dem aus Pappe geschnittenen Pfau in die Karte eingeklebt.

Einladung

Allerlei Objekte für den Briefumschlag

Viele Dinge, die wir immer zur Hand haben und die flach genug für einen Briefumschlag sind, können zur Glückwunschkarte werden.

Der Beutel für den Teefreund, der zusammenklappbare Apfel aus dem Dekorationsgeschäft oder das Plastikschild in Herzform sind dabei nur eine kleine Auswahl.
Schauen Sie doch einmal nach, was in Ihrem Haushalt zu finden ist und sich für eine originelle Karte eignet.

Material:
Dekorationsgegenstände.

Collagen

Mit ein bißchen Phantasie lassen sich wunderschöne Glückwunsch- oder Grußkarten mit wenig Aufwand herstellen.

Karte 1
Material:
Geschenkpapier,
gelochtes Metallband,
Federn,
rechteckige Karte.

Karte 2
Material:
Plastikstrohhalme
Metallfolie,
Glanzfolie.

Karte 3
Material:
Doppelkarte,
Glanzfolie.

Karte 4
Material:
gelbe Karte,
Glanzfolie.

Karte 5
Material:
Glanzpapier.

Karte 6
Material: rotes irisierendes Geschenkpapier, schwarze Glanzfolie, Draht.

Karte 7
Material:
japanisches Reißpapier, Doppelkarte.

Karte 8
Material:
Glanzbilder.

Karte 9
Material: Glanzpapier, japanisches Reißpapier.

Karten 10 und 11
Material: Doppelkarte, Glanzpapier.

PADDINGTON
Serpentine
BEL
GRAVIA
VICTORIA
CHELSEA
DUKE OF YORK'S
HEADQUARTERS
Burtons
Court

Flechtkarten

Für diese Flechtkarten können Sie bunte Papierreste oder Bilder aus Illustrierten verwenden.
Zunächst werden die Papiere in schmale Streifen geschnitten, und danach wird das Passepartout für die Karte ausgeschnitten.

Kleben Sie nun die Papierstreifen flechtmusterartig auf die Abdeckkarte. Das Passepartout wird zum Schluß auf das fertige Muster gesetzt.

Material:
Doppelkarte,
Papierstreifen.

Linolschnitt

Wenn Sie mehrere gleiche Karten anfertigen wollen, eignen sich hierfür verschiedene Drucktechniken.
Zu den einfachsten Verfahren gehört der Linolschnitt.

Material:
einfarbige Linoleumplatten,
Werkzeuge wie Hohlmeißel, Geißfuß und Konturenmesser,
Hartgummiwalze,
Glasplatte,
Japan-Aquafarbe.

Bevor man überhaupt mit dem Linolschnitt anfängt, sollten zuerst die einzelnen Schneidewerkzeuge an einem Stück Linoleum ausprobiert werden. Wenn Sie sich mit der Wirkung der Werkzeuge vertraut gemacht haben, wird das Linoleum auf die Größe der zu druckenden Karte zugeschnitten. Mit einem Bleistift kann man nun die Zeichnung übertragen. Die auszuhebenden Flächen können mit Deckfarbe gekennzeichnet werden.

Mit der linken Hand halten Sie die Linoleumplatte fest und führen mit der rechten Hand das Schneidemesser mit leichtem Druck vor sich her.

Mit dem fertigen Schnitt können Sie nun beliebig viele Karten drucken.

Hierzu wird etwas Japan-Aquafarbe auf einer Glasplatte mit der Gummiwalze verteilt, so daß die Farbe gleichmäßig auf der Walze haftet. Danach rollt man sie über das Linoleum, wobei nur das Relief eingefärbt wird. Zum Schluß legen Sie die vorbereitete Karte auf den Schnitt, streichen sie mit dem Handrücken glatt und heben sie vorsichtig wieder ab.

Fensterkarte

Besonders viel Freude machen Fensterkarten, die durch ausgefallene Rahmen immer wieder anders gestaltet werden können.

Material:
2 gleichgroße Karten,
verschiedene Folien oder gepreßte Blüten,
Schneidemesser.
Zuerst malt man das entsprechende Fenster auf eine Karte und schneidet es mit dem Messer aus. Die zweite Karte wird nun mit Folie oder Blüten beklebt. Beim Gestalten der Landschaft hinter dem Rahmen sollten Sie immer wieder die optische Wirkung durch den Fensterausschnitt überprüfen. Zum Schluß wird das fertige Motiv hinter das Fenster geklebt.

Karte 1
Material:
Doppelkarte (man kann diese Karte aufklappen),
Transparentpapier,
durchsichtige Folie,
Glanzpapier.

Karte 2

Material:
2 Karten aus schwarzer Pappe, schillerndes Glanzpapier (Geschenkpapier), Glanzpapier, gepreßte Blätter.

Eine Karte, die je nach Lichteinfall immer wieder anders aussieht.

Karte 3
Material:
1 Karte,
Glanzpapier.
Das Fenster wurde hier gleich auf die Karte aufgeklebt.

Karte 4
Material:
2 Karten,
Metallfolie,
Glanzfolie,
gelochtes Metallband für das Rollo.

Karte 5
Material:
1 schwarze Karte,
Transparentpapier.

Buchstaben

Aus Pappe ausgeschnittene und mit Metallfolien oder gemustertem Papier beklebte Buchstaben sind eine besondere Überraschung für den Empfänger. Sie können sie lose wie ein Puzzle verschicken oder mit Bändern oder Papierstreifen aneinanderreihen.

VIEL GLÜCK

FUR DICH

Briefumschläge

Auch die Umschläge für Ihre selbstgebastelten Karten können Sie selbst herstellen.
Sie werden nach dem vorgegebenen Muster ausgeschnitten und zusammengeklebt.
Besonders schön sind Umschläge aus Geschenkpapier. Die Adresse wird auf ein aufgeklebtes weißes Etikett geschrieben.

In vielen Geschäften erhält man originelles Geschenkpapier, das zum Beispiel mit Straßenkarten großer Städte bedruckt ist. Einen Umschlag faltet man entweder aus diesem Papier oder aus alten Straßen- und Landkarten.

Vielleicht haben Sie noch einen alten Plan zu Hause und überraschen Ihre Freunde mit einer Einladung. Auf den Straßenplan können Sie auch den Weg zur Party einzeichnen.
Wenn Sie Ihre Karten nicht mit der Post verschicken, sondern selbst überreichen, lohnt es sich, die kleinen Kunstwerke zu verpacken. Lustiges Papier, das zum Beschenkten oder zum Geschenk paßt, finden Sie sicher. Eine dicke Schleife macht das Ganze noch hübscher.

Nicht ganz flache Karten, wie die in diesem Buch gezeigte Karte für den „Teefreund", eignen sich für eine andere Verpackung. Dabei muß es nicht immer Papier sein, denn hier wurde die Karte in ein Stück rote Lackfolie eingepackt. Solch ein „Knallbonbon" entsteht aus einem rechteckigen Stück Folie, in das man die Karte zunächst einwickelt. Die Enden werden danach rechts und links mit Ziehband zusammengeschnürt, wobei zwei Zipfel überstehen. Das Band zieht man nun über die Schneidefläche einer Schere. Die so entstandenen Kringel können zum Schluß mit der Scherenspitze noch einmal gespleißt werden.

Aber auch fertig gekaufte Umschläge lassen sich mit Schleifen und Bändern dekorieren. Die dicken Schleifen werden in der Mitte mit einem dünnen Draht oder mit einem zweiten Stück Band zusammengehalten und dann auf die Rückseite des Umschlages geklebt. Man kann die Bänder aber auch auf der Vorderseite drapieren. In einem Schlitz, der mit einem Schneidemesser in das Papier geritzt wird, steckt man die Bänder einzeln ein und klebt sie auf der Innenseite des Umschlages fest. Ziehbänder kann man hierbei kräuseln oder glatt über das Papier fallen lassen. Dekorativ sehen Umschläge aus selbst mit Mustern versehenem Papier aus. Dazu brauchen Sie:

- nicht zu starken Karton,
- Abtön- oder Bastelfarben,
- Zahnbürste,
- Sieb.

So wird es gemacht:
Falls Sie weißen Karton benutzen, sollten Sie ihn zuerst einmal mit den angegebenen Farben grundieren.

Bevor Sie nun mit dem Muster beginnen, muß die Konsistenz der Farben geprüft werden. Sie darf nicht zu zähflüssig sein, was gerade bei Abtönfarben oft der Fall ist. Rühren Sie deshalb so viel Wasser in die Farbe, daß sie sich gut verstreichen läßt.

Sie können jetzt mit dem Aufspritzen der Farben beginnen. Hierzu verwendet man eine Zahnbürste, mit der die angerührte Farbe aufgenommen wird. Die Borsten streicht man nun über ein Sieb, das über den farbigen Karton gehalten wird. Je nachdem, wieviel Farbe Sie aufnehmen, werden die auf dem Karton entstehenden Farbspritzer kleiner oder größer. Vielleicht probieren Sie erst einmal an einem Kartonrest aus, wieviel Farbe Sie aufnehmen müssen, um das gewünschte Muster zu erzielen. Wenn die Farbe getrocknet ist, können Sie den Umschlag zuschneiden. Auf der Vorderseite wird ein Adreßfeld ausgeschnitten und mit weißem oder farbig passendem Karton hinterklebt. Sie können aber auch Glanzpapier verwenden, das anschließend mit einem Lackstift beschriftet wird. Jetzt falten Sie den Umschlag und kleben die seitlichen Laschen auf der Rückseite fest.

Falls Sie sich gar nicht von Ihren Karten trennen können, geben Sie ihnen einen Ehrenplatz in einem Rahmen.